Janelas da Alma

Djalma Santos

Janelas da Alma

1ª edição

Editora Ideia Jurídica

JANELAS DA ALMA

Editor: *Cláudio Luiz Brandão José*
Revisão: *Leonardo Portella*
Capa e diagramação: *Rogério Mota*
1ª edição *2015*
Impresso no Brasil *Printed in Brazil*

Editora Ideia Jurídica Ltda.
editorial@editoraeij.com.br
Tel. (21) 3437-3400 / 3437-4400

DADOS INTERNACIONAIS PARA CATALOGAÇÃO NA PUBLICAÇÃO (CIP)

S234j

Santos, Djalma, 1938-
Janelas da alma / Djalma Santos. - 1. ed. - Rio de Janeiro : Ideia Jurídica, 2015.
92p. ; 21 cm.

ISBN 978-85-87873-59-0

1. Espiritismo. I. Título.

CDD- 133.9

JOSÉ CARLOS DOS SANTOS MACEDO – BIBLIOTECÁRIO CRB7 N.3575

Ninguém acende uma candeia e a coloca em lugar onde fique escondida ou debaixo de uma vasilha. Ao contrário, coloca-a no lugar apropriado, para que os que entram possam ver a luz.

Os olhos são a candeia do corpo. Quando os seus olhos forem bons, igualmente todo o seu corpo estará cheio de luz. Mas quando forem maus, igualmente o seu corpo estará cheio de trevas.

(*Lucas*, 11: 33-34)

Sumário

Prefácio

DEUS É O CRIADOR DE TODA A ETERNIDADE, a Inteligência Suprema, a Consciência Cósmica do Universo em que vivemos.

Poderia ser comparado a um útero infinito, onde tudo se cria, tudo se mantém e tudo se transforma, nos campos da matéria e do espírito.

O espírito imortal, esse andarilho do Espaço, é uma partícula infinitesimal do pensamento divino. Por isso Jesus afirmou: "Vós sois deuses" (*Jo.*, 10:34), e o Apóstolo Paulo reafirma, em carta aos gentios: "Deus habita em vós" (*1Co.*, 3:16), afirmativa essa, clara e insofismável, de que já possuímos tudo de que necessitamos para a nossa evolução, bastando apenas o esforço individual de cada ser, no sentido de aflorar esses recursos embrionários, que exigem trabalho, persistência e determinação do homem, herdeiro incontestável de si mesmo.

Nessa luta titânica na busca de sua iluminação, o espírito, ávido de conhecimentos, conta sempre com a ajuda externa de todos os que caminham com ele; mas os recursos mais importantes são internos e fazem parte do seu próprio patrimônio. Talvez resida aí a maior dificuldade, porque junto a essa herança divina estão também os nossos vícios, os nossos desejos e as nossas paixões.

Os recursos externos são: livros de orientação espiritual, palestras de cunho social e moral, conselhos, avisos e admoestações que chegam até nós de diversas formas, exigindo do aprendiz atento acurado sentido de observação, a fim de assimilar com proveito as lições embutidas nas experiências terrestres.

Janelas da Alma é mais um pequeno esforço nosso, no sentido de levar até você, amigo leitor, algumas lições de grande proveito na luta cotidiana, estimulando-o a ser fiel aos preceitos do bem, envidando esforços no seu aprimoramento físico e espiritual. Disse-nos um sábio: "Não se atravessa o mesmo rio duas vezes", deixando claro que o tempo não volta mais; daí a necessidade de aproveitá-lo com disciplina e retidão, emoldurando o nosso espírito com as nossas experiências no campo da carne.

Janelas da Alma se propõe a ajudar você, leitor, a ser forte, alegre e feliz, mesmo em condições adversas, enfrentando as dificuldades com disciplina e coragem, com nova visão diante da "velha senhora" que vulgarmente chamamos de morte.

Leia-o com atenção, principalmente nas suas horas de repouso, silêncio e meditação.

Paz infinita é o que desejo para todos!

Djalma Santos

1

Renúncia

A RENÚNCIA É ATO dos mais dignos de ser exercitados pelo ser humano, e também um dos mais difíceis, pois requer, de quem renuncia, algo mais que a boa vontade, ou seja, compreensão, paciência, benevolência, caridade, solidariedade e amor.

Às vezes temos que renunciar àquilo que desejamos, porque nem sempre o que queremos é o de que precisamos. Nossos desejos não são necessariamente o melhor para nós, e na maioria das vezes, o que queremos pode não trazer a satisfação desejada quando finalmente conquistado.

É exatamente por isso que, quando desejamos alguma coisa, por um lado devemos nos esforçar e ter persistência para consegui-la, mas por outro lado devemos estar dispostos a abrir mão daquilo que não devemos ter.

Quando se trata de relacionamentos no campo dos sentimentos, o certo é querer encontrar uma pessoa que se afine conosco, uma espécie de alma gêmea, mas precisamos, também, saber que podemos estar enganados, e ter a coragem de renunciar, em caso de identificação de alguma coisa que possa tolher a nossa felicidade junto ao objetivo que almejamos.

O ato de renunciar, sublime na sua essência, só pode ser conquistado por aqueles que já vivenciaram muitas experiências e, consequentemente, já se decepcionaram muitas vezes, estruturando dentro de si mesmos uma fortaleza íntima que os leva a selecionar o que realmente os fará felizes, mesmo que aparentemente isso se mostre contrário.

Quem já consegue exercitar atos de renúncia certamente está avançando com rapidez no caminho da evolução infinita, superando obstáculos com pouca dor e estabelecendo laços de amizade e fraternidade nos caminhos por onde passa. Deus nem sempre nos dá aquilo que desejamos, mas certamente nos envolve com tudo aquilo de que precisamos para a nossa caminhada gloriosa na direção do Infinito.

Nem tudo o que queremos se realiza, por isso tome cuidado, pois a confiança exagerada pode acabar sendo prejudicial. É necessário manter os olhos bem abertos diante da vida, pois diuturnamente uma enxurrada de sentimentos invade o nosso coração. Observe com calma quem está ao seu redor e repare nas coisas boas que as pessoas fazem por você. Conduza suas ações por conta própria, mesmo porque você é o único condutor do seu destino, e permaneça atento, pois alguma coisa vai mudar e você precisa descobrir o que será.

2

O poder da palavra

A PALAVRA ARTICULADA representa a expressão máxima do **pensamento contínuo**, o maior instrumento já concedido ao homem terreno pela divindade. No entanto, depois de milênios de evolução infinita, o homem ainda não sabe utilizar com disciplina esse instrumento de elevação, maculando-o com um direcionamento desequilibrado, provocando avalanches e implosões dentro do seu cosmo psíquico, angariando antipatias, ódio e até rancor, estabelecendo às vezes um "carma" doloroso, dentro da lei de ação e reação, de difícil resgate, que só o tempo pode apagar.

O poder das palavras é realidade ainda desconhecida do homem, e falar mal de alguém é um dos maiores curto-circuitos espirituais que existe, acrescendo que depois que a palavra sai da boca, não volta mais, dificultando o ressarcimento dos prejuízos acarretados pela maledicência. É como se alguém levasse um travesseiro de penas para o alto de um edifício de muitos andares, e lá o abrisse, deixando que o vento levasse as penas de pássaros, tornando praticamente impossível juntá-las novamente para recompor o travesseiro.

A única maneira de evitarmos que falem mal de nós é não falarmos mal de ninguém, porque mesmo sem perceber, o homem é sempre punido quando pronuncia uma má palavra, ou quando tem oportunidade de pronunciar boas palavras, a fim de ajudar os outros, e não o faz.

A palavra é instrumento de contato entre os seres humanos e conquista inalienável do espírito imortal, no campo da carne, porque, no campo do espírito, funciona apenas o pensamento contínuo, fonte inexaurível da palavra articulada, expressão máxima dos sentimentos humanos.

Para que a palavra seja sempre boa, é necessário manter o lado emocional equilibrado, falando sempre a verdade, mas sem medo de falar, também, sobre coisas que ainda nos aborrecem, mesmo porque estas são obstáculos que precisam ser ultrapassados.

Saiba escolher a hora certa para falar e procure agir com paciência, a fim de controlar o seu dia a dia, expressando-se apenas quando houver necessidade do seu concurso, e só fale se for para ajudar, esclarecer ou aconselhar no sentido do bem comum.

Fale sempre baixo e pausadamente, mostrando-se tolerante diante dos outros, moderando seus impulsos, procurando sempre ouvir mais, com muita atenção, o que chega até os seus ouvidos, esquivando-se de julgar os outros, sendo afetuoso e compreensivo por meio das palavras, e descobrirá um mundo maravilhoso dentro de si mesmo, até então invisível para você e principalmente para os outros, mas que existe, construído por você mesmo com as boas palavras que proferiu durante a sua caminhada.

3

A arte de ajudar

CONTA CERTA LENDA que um sábio recebeu em sua casa a visita de um mendigo, que lhe solicitou ajuda, pois não tinha o que comer nem vestir. O sábio, querendo lhe dar algo valioso, para que pudesse comprar tudo de que necessitasse, deu-lhe um anel de ouro de propriedade de sua esposa, pois nada possuía de seu, recebendo do infortunado muitos agradecimentos.

Quando a esposa chegou à casa, o sábio lhe contou o ocorrido, e ela então gritou: "Como você teve a ousadia de dar o meu anel de ouro, que vale no mínimo quinhentos dólares? Agora, vá atrás do mendigo e traga o meu anel de volta".

O sábio, então, saiu em busca do mendigo, e o encontrou deitado sobre a palha de uma estrebaria, dormindo profundamente. Esperou que ele acordasse, identificou-se como o homem que lhe dera o anel, e cochichou no seu ouvido: "O anel vale quinhentos dólares, não aceite menos por ele".

Essa historinha reflete com muita precisão a arte de ajudar, porque o sábio já havia ajudado dando o anel e ajudou mais ainda informando o valor da joia, pouco se importando com o mau humor de sua esposa, que certamente acabaria por esquecer o incidente.

A arte de ajudar passa pela compaixão, maravilhosa virtude só exercitada por aqueles cujos corações Deus já tocou, e que sentem pelos seus semelhantes atração magnética, irresistível, principalmente quando se trata de pessoas que atravessam problemas de difícil solução, necessitadas de amparo e proteção.

A história bíblica do *Velho Testamento*, em que a viúva de Serepta se utiliza da última porção de azeite e trigo para fazer um bolo para o profeta Elias, multiplicando depois o seu azeite e o seu trigo, pode parecer irreal, mas é verdadeira no campo da vida, porque quanto mais damos, mais recebemos. Se formos egoístas diante dos outros é mais do que certo que encontraremos pela frente as necessidades que observamos nos outros. Procure dar ao seu semelhante o pão e o vestuário necessários à sobrevivência dele, mas não deixe de dar também o conselho, a amizade, a ternura, a solidariedade, a paciência, a alegria e principalmente o seu amor.

Nunca se esqueça de que a nossa felicidade depende da felicidade dos outros, que devolvem para nós tudo aquilo que arremessamos de encontro a eles, em forma de benefícios nos campos da carne e da espiritualidade.

4

A busca da paz

NOSSA VIDA NESTE PLANETA que habitamos é sempre afetada por aquilo que está ao nosso redor. Se uma pessoa se preocupa somente consigo e trabalha com o único objetivo de resolver seus próprios problemas, nunca encontrará a tranquilidade e a plenitude desejadas, porque estamos atrelados uns aos outros, por intermédio do determinismo divino, que nos obriga a trabalhar em benefício de todos, colocando-nos na posição de usina de forças ligada a bilhões de outras usinas, numa troca incessante de energias que convergem sempre para o centro de origem da estação emissora.

Qualquer pessoa que tenha consciência espiritual sabe que deve trabalhar no sentido de melhorar o meio que a cerca, diversificando cada vez mais suas experiências em favor do bem comum. Não basta resolver apenas a nossa situação de maneira egoística, porque aquilo que está se passando à nossa volta certamente irá nos afetar.

Na busca da paz, é importante valorizar cada minuto da nossa vida, ansiando por resolver o problema de todos, pois a verdadeira espiritualidade só pode existir quando cuidamos do meio ambiente, cooperando para que o mundo inteiro tenha paz.

Adote a paciência e a perseverança como lema principal de sua vida, para que você tenha a oportunidade de descomplicar as armadilhas do tempo, tornando-se coerente e descobrindo novos horizontes em novo mundo íntimo.

Procure definir as metas de seu destino, de acordo com suas reais necessidades, sem ambicionar coisas inacessíveis, mas se ajustando às coisas simples, que à primeira vista não têm atração, deixando no entanto, depois de entesouradas, o gosto da vitória e da felicidade.

Não desperdice um segundo de seu tempo; permaneça sempre ao lado das pessoas que lhe querem bem. Não tenha medo de realizar mudanças em sua vida, porque elas são necessárias e normais, dentro do sistema evolutivo em que você se encontra integrado.

Seja comunicativo com todos, procurando sempre viabilizar as transformações que não podem ser adiadas, utilizando diálogo afetivo e franco, escudado na sinceridade do seu coração.

Evite criar problemas com as pessoas com quem se relaciona, afastando sempre a pressa e o imediatismo, mas analisando carinhosamente todos os assuntos que sejam do seu interesse, visando em primeiro lugar aos interesses dos outros, e certamente verá em curto espaço de tempo o seu esforço no campo do bem coroado de êxito.

Viver aqui na Terra é fácil, difícil é conviver harmoniosamente com os nossos irmãos de luta. Esse é o maior desafio do homem terrestre na busca incessante da sua iluminação espiritual.

5

Compaixão e indiferença

QUANDO REFLETIMOS sobre nossa própria vida e olhamos ao nosso redor vemos sofrimentos por toda parte, apresentados nas formas física, mental, emocional e espiritual. Essas doenças e distúrbios chegam até nós porque desejamos mais do que podemos ter e, principalmente, porque nos falta compaixão pela dor alheia. Também porque nos posicionamos no campo da indiferença em relação aos outros, agindo egoisticamente, como se o mal não pudesse nos atingir, criando clima adverso e de grande perigo.

Ninguém está isento do sofrimento. Todos sofremos em algum grau. Mas quando o sofrimento é compartilhado, por meio de carinho, compaixão, solidariedade, torna-se pequeno, o que facilita a cura. Quando há indiferença, porém, tudo se agrava. O nervosismo toma conta dos enfermos que não encontram compreensão no campo íntimo, fazendo com que enfermidades antes pequenas tenham seu diagnóstico e sua cura dificultados.

A indiferença é atitude de neutralidade, de não identificação, ou seja, tentativa de permanecer à margem da corrente da vida e se manter intocado pelo sofrimento dos outros. Encontra oposição no Evangelho do Cristo, por intermédio da parábola do bom samaritano, que cita a indiferença do levita e do religioso que passaram à margem do homem que jazia ferido na estrada. Este encontrou na pessoa de um samaritano a dignidade da compaixão que o socorreu, em contraste com a indiferença apresentada pelos dois outros personagens da parábola do *Novo Testamento*.

Nos centros urbanos e industriais, e mesmo em algumas áreas rurais, a indiferença é, hoje, característica comum, devido principalmente à pressa do dia a dia e à impessoalidade de grande parte das atividades desenvolvidas nessas localidades. Desatentos aos pequenos gestos e detalhes, já não conhecemos quem nos entrega o leite ou o funcionário da padaria. Mesmo vizinhos se distanciam uns dos outros, separando-se por muros altos, às vezes com cacos de vidro, arame farpado ou mesmo cercas eletrificadas.

Como o desprezo e a indiferença são atitudes equivocadas, é necessário nos perguntarmos qual a postura correta a adotar. A nossa consciência responde que é a compaixão, o reconhecimento de que, mesmo que algum sofrimento seja inevitável, muito do que acontece é na verdade desnecessário, persistindo, porém, em consequência da desumanidade para com os próprios homens.

A compaixão é resultado da determinação de fazer todo o possível para aliviar a dor e a infelicidade do mundo. Ser indiferente é olhar de longe as dores e os sofrimentos dos outros.

6

Aprendizado diário

NO APRENDIZADO DA VIDA é muito importante lembrarmos que não nos custa ser gentis e amáveis com os outros. Mesmo quando alguém nos magoa, trata-se, em geral, de gesto de pouca importância, ou mesmo irrelevante, que só tomará maiores proporções se persistirmos em lembrar o ocorrido.

Quando tomamos qualquer decisão com bondade e ternura, realizamos algo correto, que certamente irá nos proporcionar grande alegria. Mesmo que a tarefa executada seja simples ou considerada insignificante, representará, para o nosso coração, uma vitória no campo do bem.

Os dias que passamos de mau humor são desperdiçados pela nossa incúria em não adotar o sorriso como forma de alegria, subestimando o potencial do espírito humano, sempre aberto às grandes modificações no nosso íntimo, encontrando no otimismo o magnetismo para alegrar outras pessoas, aprendendo com o tempo que quem quer ter amigos precisa fazer amigos.

O sucesso ou a fama que desejamos só será alcançado se agirmos sempre de maneira conciliatória e benévola, com cautela e aceitando a ajuda de outras pessoas que jornadeiam conosco aqui na Terra.

Muitas vezes necessitamos fazer sacrifícios em nosso próprio proveito, deixando de lado coisas que são prazerosas, mas que deixam um rastro de angústia depois de realizadas, trazendo amargura e mal-estar.

Procure aliviar seu coração das mágoas e desencantos, transformando o seu passado em trabalho constante, realizando mudanças de comportamento e atitude, não permitindo que as sombras da contrariedade tomem conta do seu dia a dia.

Aceite com calma e ponderação as críticas que fazem a seu respeito, não tomando nenhuma atitude agressiva contra os outros, mas procurando dirimir dúvidas que possam atrapalhar o andamento dos seus projetos de elevação.

Repare o que está realizando com as suas mãos e pondere a respeito da possibilidade de ampliar novos horizontes, acreditando sempre no seu potencial para seguir adiante.

Seja sempre fiel aos seus ideais, confie sempre nos seus sentimentos e não tenha medo de arriscar. Os riscos fazem parte da vida, da evolução e do roteiro de cada um, dentro da progressão infinita dos seres.

Esforce-se para mudar o que pode ser mudado e tenha paciência para aceitar o que não pode ser mudado, trabalhando sempre com o objetivo de realizar seus planos e ser feliz, sem deixar que o desespero tome conta de você, aproveitando as lições do erro, para realizar modificações no seu modo de agir e de pensar.

Decisões precipitadas trazem sempre problemas. Por isso, seja calmo e cauteloso. Quem tem pressa já começa errando, e a vitória final pertence sempre àqueles que fixam um objetivo, lutam e esperam por ele.

7

Trabalho

O TRABALHO NÃO SÓ É a maior fonte de renda material, como também de renda espiritual. A Terra é o mundo da ação e do trabalho, e ninguém está aqui para se divertir, mas para realizar algo pela transformação do mundo.

Se você ainda está pensando qual carreira deve seguir, procure algo de que goste, tentando se visualizar trabalhando, com prazer, nas coisas que pode ser.

É muito importante acordar de manhã sabendo de antemão a importância do trabalho a realizar, não só por ser fonte de recursos para o nosso sustento, como também para nos sentirmos satisfeitos.

Qualquer tipo de trabalho exige responsabilidade, cautela e determinação, e a melhor maneira de executar um trabalho é iniciá-lo com fé, perseverança e otimismo, concentrando-se naquilo que se está realizando, sem a preocupação exagerada da perfeição, que só será alcançada se formos simples e objetivos.

Todo ser humano possui talentos embrionários, que só afloram quando há esforços por parte do interessado no campo do trabalho, assim como podem permanecer atrofiados, se a preguiça e a inércia tomarem conta do candidato ao trabalho.

Quem se entrega ao trabalho se esquiva de coisas desagradáveis e sente o coração pleno de felicidade, encontrada nos menores detalhes a cada passo do cumprimento de sua missão.

Nem sempre o trabalho justo e honesto é reconhecido de imediato. Às vezes só mesmo o concurso do tempo pode coroar de êxito o fruto do trabalho digno, realizado em favor dos outros.

Durante o trabalho, é necessário sabermos direcionar as energias, de modo a não nos cansarmos à exaustão, o que pode provocar doenças e acarretar a paralisação das obras que estamos realizando no campo da carne.

Na realidade, nós mesmos escolhemos as experiências de trabalho que vão nos fornecer as lições de vida que necessitamos para a nossa iluminação. Por meio das lutas cotidianas, descobriremos sempre novas possibilidades para o futuro, que se apresentará claro ou obscuro, de acordo com o nosso empenho em progredir ou estacionar na estrada da vida.

8

O exemplo da água

É MUITO COMUM EM NOSSAS VIDAS o aparecimento de obstáculos que atrapalham temporariamente nossa caminhada, assim como são também comuns as reclamações em relação a esses entraves.

Na água, encontramos exemplos dignos de serem imitados. Quando ela encontra um buraco em seu caminho, leva algum tempo para enchê-lo, para só então prosseguir seu caminho em direção ao mar. Encontrando obstáculos, sejam pedras, madeiras ou barreiras, a água continua a fluir com intensidade, contornando o obstáculo, o que nos leva a crer que temos de continuar enquanto esperamos um grande acontecimento, realizando, no entanto, pequenos atos, com paciência e resignação.

É importante, também, observar tudo com muita atenção, porque nada está totalmente definido. Somos nós que decidimos e construímos o nosso futuro, no esforço de cada dia, emoldurando o nosso caráter através da expressão do pensamento contínuo, fortalecendo a mente e limpando a consciência das impurezas da carne.

A sinceridade precisa ter continuidade e a verdade será sempre o melhor remédio para as nossas vidas, desde que não tenhamos vergonha de falar, dizer o que sentimos, aumentando nos corações dos que nos cercam a confiança e a lealdade.

Abra seu coração e descubra uma maneira mais agradável de viver, compartilhando com os outros os seus ideais de elevação, sem medo de se entregar, sofrer e amar, mesmo porque o risco estará sempre presente nos nossos sentimentos.

Procure sempre refletir antes de tomar qualquer decisão, a fim de que a pressa não inviabilize seus projetos de iluminação. Adote a paciência e a moderação diante dos objetivos que deseja alcançar.

Use seu livre-arbítrio para decidir o que é melhor para você, mas não se esqueça de que o instinto de conservação é determinismo divino que não falha, e por isso deve sempre ser consultado, principalmente quando temos dúvidas.

Acredite, também, que tudo na natureza acontece na hora certa, e que ninguém está no lugar errado. As nossas falhas são frutos exclusivos da nossa imperfeição, do desconhecimento das Leis divinas que regem a vida cósmica.

Nunca tente controlar todas as situações e muito menos os sentimentos das pessoas. Procure aceitar as diferenças, lembrando que nem sempre estamos com a razão, principalmente quando nos aproximamos de um coração que não nos pertence.

9

Enfrentar o cotidiano

NUM MUNDO TÃO TURBULENTO, o maior desafio do homem moderno é enfrentar o cotidiano, recheado de alterações positivas e negativas que, se não forem bem administradas, deixam um sabor de derrota e desânimo, sentimentos que, por sua vez, se não forem equacionados a tempo, têm repercussões imprevisíveis.

É preciso saber que o silêncio é antídoto maravilhoso, em muitos casos; que, às vezes, ficar sozinho nos ajuda a colocar as ideias em seu devido lugar; e que o poder da prece é infinito.

Nos momentos em que se retirar para buscar conforto ou direcionamento na leitura, por exemplo, atente para cada detalhe, entregue-se ao que estiver lendo. Interprete palavras e frases, seus diversos significados e desdobramentos. Releia cada texto, cada lição quantas vezes julgar necessário, até que as respostas de que precisa se revelem a você. Muitas verdades se escondem nas entrelinhas.

Procure viver uma vida que lhe permita olhar para trás sem remorsos, consciente de que não prejudicou ninguém. Mas não fique preso ao passado. Concentre-se no presente, aqui e agora. O presente requer de você sempre o máximo. Viva-o, tendo por bandeira de trabalho a alegria de viver.

Muitas vezes queremos resolver tudo "num piscar de olhos". A pressa, no entanto, pode acabar atrasando nossos projetos, justamente por dificultar nosso entendimento a respeito das pessoas que inevitavelmente travarão contato conosco. É preciso controlar nossos impulsos, desenvolver a paciência, encarar o mundo e a vida com calma, compreensão e atenção, e colaborar sempre para o bem de nossos semelhantes.

Seja cordial e feliz, mesmo em circunstâncias desfavoráveis. Sirva sempre, a quem for, aonde for! Em toda parte sempre haverá alguém necessitado de algo, por mais simples que possa ser, e as únicas pessoas realmente felizes são aquelas que procuraram uma maneira de servir e compartilhar. No momento em que você descobrir como pode ajudar o próximo, perceberá que a felicidade começa a se tornar constante em sua vida, terá aprendido a ser feliz.

Uma coisa é certa: o segredo da felicidade está na busca de novas maneiras de ajudar os outros a enfrentarem os problemas do cotidiano, que na realidade também são nossos, pois nada acontece num lugar que não repercuta em outro.

O Universo em que vivemos está recheado de raios e ondas de vibração que provocam reação imediata com todas as ações boas ou más, cabendo a cada um de nós um *quantum* relativo ao que pensamos e realizamos em favor ou contra nossos irmãos de luta.

10

Confiança

A FALTA DE CONFIANÇA e a insegurança levam muitas pessoas a sofrer. Perdemos muito tempo preocupados com o dia de amanhã, sem atentarmos para o hoje, para o que estamos vivendo agora, que nos demanda atenção especial. A preocupação exagerada com o futuro, com o amanhã, na maioria das vezes acarreta ansiedade e estresse.

A principal causa desse estado mental é a falta de confiança em Deus, cuja energia infinita nos dá a plenitude, ajudando-nos a superar as dificuldades e os desafios, trazendo bondade para o nosso coração.

O sistema espiritual sobre o qual o Universo foi construído existe para nos ajudar. Para tanto, é necessário que acreditemos nisso e realizemos todos os nossos projetos com fé e perseverança em Deus, para que tudo dê certo e possamos alcançar nossos objetivos.

Precisamos aproveitar as oportunidades que aparecem em nossas vidas para realizar mudanças comportamentais, não desperdiçando as chances de aproveitamento nas lições que chegam até nós, por intermédio de livros, conselhos, avisos, sonhos, palestras e conversações.

Outro detalhe importante é a harmonização das emoções, evitando exageros e exacerbações, críticas e posicionamentos radicais, lembrando, sempre, que o céu está cheio de sentimentos conflitantes.

Avaliemos cuidadosamente nossas ações e seus resultados, sempre. Não desperdicemos energias preciosas em conversações vazias e sem qualquer proveito. Jamais esqueçamos de que nossos semelhantes são canais para, por meio da convivência, lapidarmos a nós mesmos, moral e espiritualmente, a fim de nos libertarmos do visgo da matéria e partirmos, ao final da jornada, para as regiões siderais do Infinito.

Não alimentemos ciúmes e inveja, sentimentos que nos corroem intimamente. Não julguemos nem critiquemos com severidade. Tudo aquilo que lançarmos de nós para a vida certamente retornará para nós, provocando terríveis implosões magnéticas, quando se tratarem de sentimentos ruins, ou bem-estar e alegria, quando emitirmos bons sentimentos. Reflitamos sempre.

Trabalhemos com fé, força de vontade e determinação nas ordenações humanas. Exercitemos o desapego dos bens materiais, fazendo deste o ponto de partida para uma vida plena e saudável. Sejamos generosos com o próximo, e a vida o será conosco. A prática do bem nos torna íntimos de nosso coração, a, aos poucos, aproxima a felicidade de nós, alegrando nossos dias e tranquilizando a ânsia de nossa alma pela liberdade.

11

Estresse

ATUALMENTE, O ESTRESSE se tornou enfermidade que afeta milhares de pessoas. O ritmo descontrolado das grandes cidades, o excesso de ocupações do dia a dia (muitas vezes impedindo que se pare até para almoçar), têm enredado os indivíduos num processo destruidor, alterando fatores e estados emocionais e desencadeando reações físicas e químicas que afetam os sistemas nervoso e imunológico.

Considerado doença psicossomática, o estresse se dá a curto ou longo prazo, diário ou crônico. Entre suas consequência destacam-se: aumento da frequência cardíaca e da pressão arterial; tensão muscular; diminuição das atividades estomacais e intestinais; aumento do nível de glicose no sangue e de colesterol; desencadeamento de dores de cabeça, diarreias, espasmos, gripes e resfriados. O estresse causa ainda crises de ansiedade e pânico.

O estresse apresenta os seguintes sintomas:

→ Cognitivos: ansiedade, medo, baixa concentração mental, dificuldade de memória e lapsos.

→ Emocionais: tensão, irritabilidade, inquietação, angústia, incapacidade de relaxar e depressão profunda.

→ Comportamentais: incompetência para completar tarefas; sobrecarga; insônia, nervosismo, tremores, cansaço, choro e mudança de hábitos.

→ Alimentares: excesso ou falta de apetite.

→ Fisiológicos: tensão muscular, ranger dos dentes, transpiração constante no corpo e nas mãos, dores de cabeça, desmaios, sufocamento, boca seca, dor de estômago, náuseas, problemas intestinais, gástricos, dificuldades sexuais, cansaço, calafrios, perda ou ganho de peso, diabetes, disfunção da tireoide, anorexia, pânico e problemas cardíacos.

→ Sociais: isolamento, irritabilidade e relacionamentos sem qualidade.

A cura do estresse se dá por meio do apoio de familiares, amigos, da comunidade e, às vezes, até a companhia de um animal de estimação pode facilitar o equilíbrio do estressado, que também pode recorrer à prática de meditação, relaxamento e técnicas de visualização, ou ainda ao repouso, para desativar a adrenalina em excesso.

Outros importantes fatores para a cura: manter-se sempre ligado mentalmente a Deus e Jesus; desejar ser saudável; acreditar que se pode realizar qualquer coisa; viver um dia de cada vez, sem precipitação ou pressa; valorizar o cuidado pessoal com o corpo físico; cultivar fé inabalável. Finalmente, compreender que o homem tem poder inato de cura. O que pensamos se torna realidade, e o nosso corpo físico reage às nossas programações inconscientes, naturais e inerentes à condição humana.

12

Simplicidade

EM CARTA DIRIGIDA AOS GENTIOS, o apóstolo Paulo faz advertência de grande ensinamento para nossas vidas: "Não ambicioneis coisas altas, mas acomodai-vos às humildes" (*Ro.*, 12:16). Podemos entender, nessa passagem, humildade como simplicidade. O que o apóstolo ressalta é que as coisas complicadas geralmente trazem problemas que muitas vezes não temos condições de equacionar, o que gera incerteza, provoca medo e revolta, preguiça e desânimo, e nos leva a perder tempo precioso na estrada da vida, refazendo erros pretéritos.

Humildade, paciência e simplicidade são pilares para iniciarmos qualquer empreendimento, cientes de que devemos galgar um degrau de cada vez, caminhando devagar e sempre, procurando a melhor maneira de solucionar os problemas sem prejudicar os outros. Não sejamos pretensiosos nem nos envaideçamos: não sabemos tudo. Não tenhamos vergonha de buscar o amparo dos mais velhos e mais sábios, que certamente se colocarão à nossa disposição, na tarefa de nos impulsionar para frente e para o alto.

Muitas soluções para as nossas vidas só podem ser encontradas por meio do diálogo inteligente com pessoas igualmente inteligentes, cuja serenidade nos envolverá e conduzirá à reflexão a respeito do que desejamos.

É preciso cuidado redobrado ao lidar com o dinheiro, pois o poder amoedado ilude e envolve, e quando percebemos, já estamos dependentes dos bens materiais. Abrimos mão da simplicidade, imperecível, para nos ornamentarmos com o ouro da vaidade e do egoísmo, cegos pelo poder temporal da moeda.

Isso é tão real que o Cristo advertiu a respeito do dinheiro, tão valorizado pelos romanos: "Dai pois a César o que é de César, e a Deus o que é de Deus" (*Mt.*, 22:21; *Mc.*, 12:17; *Lc.*, 20:25), separando o valor do dinheiro do valor espiritual, que não tem preço, não pode ser destruído, nem mesmo ser motivo de corrupção.

Relaxe o quanto possível nas suas horas de folga, sem no entanto se entregar à inércia e à preguiça, mantendo corpo saudável e resistente, necessário às suas experiências aqui na Terra. Reconheça que seu corpo é o instrumento de elevação que Deus lhe concedeu, requerendo de você cuidados especiais, tais como: alimentação simples e natural, asseio corporal, exercícios de respiração e físicos, silêncio e recolhimento.

Aproveitemos as lições que a Natureza nos dá todos os dias, observando os pássaros, o Sol, a Lua, os animais, vegetais e minerais, e certamente encontraremos motivos de sobra para vivermos alegres e felizes. Se fizermos da simplicidade presença constante em nossas vidas, angariaremos para o nosso espírito imortal as primícias do amor eterno, só encontrado nas almas enobrecidas pelo dever cumprido.

13

Entusiasmo e alegria

O ENTUSIASMO E A ALEGRIA são expressões do pensamento humano que se assemelham à transfiguração, só que de modo mais visual, envolvendo não só os portadores desses sentimentos, como também todos os que participam da euforia justa e merecida.

O entusiasmo é sentimento que pode realizar milagres no campo íntimo, principalmente quando utilizado para reconhecer a nossa pequenez e a grandeza do nosso Criador, apreciando as maravilhas que recebemos de Deus. Podemos andar, comer, sonhar, respirar e ver o Sol nascendo e se pondo. Tudo é doação universal do Criador.

É imprescindível vivermos cada dia como se fosse o último, olharmos para cada coisa como se fosse novidade, como se a estivéssemos vendo pela primeira vez, e sempre agradecermos pelo simples fato de existirmos, mesmo quando tudo nos parecer adverso. Isso fortalece a confiança íntima que nos leva a crer que tudo é passageiro, e que o que verdadeiramente conta é a vitória final, quando, despidos da roupagem carnal, pudermos enfrentar com serenidade nossa própria consciência.

O desafio, agora, é encontrar o equilíbrio de nossas ações, mantendo o cuidado para não correr riscos desnecessários, concentrando nossa atenção em todos os atos, que devem ser executados simples e objetivamente, valorizando sempre os talentos que já trazemos conosco. Procuremos não disfarçar os erros que por acaso possamos cometer, mas assumi-los com coragem e abnegação, sem a pretensão de nos tornarmos santos de uma hora para a outra.

Façamos do tempo nosso melhor aliado. Valorizemos cada minuto, cada segundo, trabalhando e persistindo no caminho do bem. Assumamos a responsabilidade pelos erros cometidos e estejamos prontos para ressarci-los por meio do trabalho simples e alegre.

Não nos preocupemos em ser o centro das atenções, mas em ouvir mais do que falar, respeitando sempre as decisões da maioria, mesmo que contrárias ao que tiver sido discutido. Desviemos de nós as atenções da multidão e evitaremos antipatias e inveja, que certamente atrapalhariam nossos objetivos de iluminação.

Não fujamos da vida e do cotidiano por medo ou preguiça; antes enfrentemos os obstáculos com coragem e determinação, fazendo da transparência de nossos atos a sala de visitas onde receberemos todos aqueles que passarem por nós na estrada da vida.

Respeitemos o espaço dos outros, assim como desejamos que os outros respeitem o nosso, intervindo apenas quando chamados ou quando pudermos ajudar. Em situações conflitantes, procuremos nos manter imparciais, evitando, com isso, magoar as partes litigantes, utilizando sempre o poder da persuasão para aconselhar, dirimir dúvidas e estabelecer o equilíbrio entre as partes.

Ser simples e alegre é ser imensamente feliz.

14

Recomendações práticas

BUSQUEMOS VIVER em harmonia com a Natureza. Examinemos cuidadosamente cada fenômeno natural, o movimento incessante da vida em seu próprio ritmo e tiremos lições valiosas.

Observe, por exemplo, os córregos e rios, em sua tranquila e contínua caminhada em direção ao mar. Contornam obstáculos, vencem barreiras, recebem novos afluentes e seguem sempre em frente, em seu tempo próprio, rumo ao seu objetivo maior: o mar.

E o que dizer do que nos podem ensinar os pássaros, que, durante o inverno, agrupam-se, aquecendo-se uns aos outros, num esforço tão simples quanto inteligente de solidariedade, mas ainda assim tão distante dos homens, sempre egoístas, a pensar em si mesmos em detrimento de milhões de companheiros que nada possuem para comer ou vestir.

O Sol que aquece as nossas vidas nasce e se põe todos os dias, mas poucos procuram observá-lo, incapazes de parar por um breve instante para observar a vida, tomados que estão pela pressa cotidiana que acarreta desequilíbrio, angústia e estresse.

Durante a noite, temos o magnetismo da Lua, que deveria ser utilizado para concretizar juras de amor, inspirar poesias e histórias encantadas. Mas o homem moderno utiliza a beleza da noite para executar empreitadas sinistras, em que muitas vidas são ceifadas, maculando com crueldade e egoísmo esse cenário maravilhoso dado por Deus para acalentar nosso sono, silenciar a nossa alma e, principalmente, para a prece, a meditação e o recolhimento.

Os vegetais também são de suma importância. Auxiliam na purificação do ar que respiramos e nos fornecem alimentação natural, ervas de grande utilização na cura das doenças do corpo físico, além de manterem o equilíbrio ecológico do planeta. O homem, porém, parece ainda não ter consciência disso, e tem operado verdadeira devastação do meio ambiente. Desmatamentos, incêndios, garimpos ilegais e outras ações nada ecológicas têm colocado em perigo o equilíbrio da Natureza e, consequentemente, a vida do próprio homem.

Os minerais também exercem importante papel no ecossistema em que vivemos e são necessários na cocriação dos bens de consumo. Sua extração, porém, precisa ser controlada, a fim de não provocar desastres ecológicos que coloquem em risco o meio ambiente e a vida das pessoas.

Entramos finalmente no terceiro milênio e a conscientização do homem a respeito da preservação do meio ambiente permanece mínima. Ainda estamos poluindo os rios com os nossos esgotos; ainda jogamos lixo em qualquer lugar, principalmente nas ruas; ainda poluímos visualmente nossas cidades, pichando muros; ainda nos interessamos pouco em manter parques e jardins. Vivemos como alienados, a contar com a sorte para que tudo dê certo, sem contribuir em nada para que tenhamos uma Terra harmoniosa e feliz.

15

É bom lembrar...

QUE O UNIVERSO INTEIRO é regido por Leis divinas, incorruptíveis e misericordiosas, operando sempre em favor do nosso crescimento sempre para Deus, numa escalada lenta e gradativa, mas sempre progressiva, aproveitando as surpresas do tempo, termômetro da vida, a ponderar cada ato em nossa jornada evolutiva.

Que é imprescindível reparar os erros pretéritos, mas é sumamente necessário criar novas e melhores condições de vida, trabalhando na cocriação do sistema da imensidade, juntamente com Deus e as entidades iluminadas que supervisionam as nossas experiências neste planeta.

Que a ninguém, na vida física ou além, será dada a oportunidade de crescimento espiritual, se ainda não tiver demonstrado ser mais eficiente e mais capaz que as exigências do trabalho, encarando com fé e determinação os obstáculos da vida, sem reclamações ou medo de arriscar.

Que somos filhos de Deus e temos o poder de realizar os nossos sonhos, bastando, para isso, termos sempre pensamentos positivos, vontade hercúlea de progredir, coragem firme para enfrentar e superar os desafios, e fé inabalável nos recursos concedidos por Deus.

Que é necessário renascer todas as manhãs, deixando que a luz do Sol, que aquece as nossas vidas, brilhe no céu e em nosso olhar, irradiando incomparável alegria de viver, sem angústias, medos, ódios ou ressentimentos.

Que enquanto não soubermos o que queremos para nossas vidas ou para onde devemos seguir é difícil estabelecer metas e, consequentemente, alcançá-las. Essa estagnação entrava nosso progresso, e este só será retomado quando nos conscientizarmos de que somos espíritos imortais, criados para evoluir, mas cuja evolução só depende de nós mesmos.

Que a verdadeira vida está no cultivo dos valores espirituais, superando os embaraços materiais. A vida é boa e preciosa quando vivida com paz e alegria.

Que o descanso e a distração também são necessários para o espírito, e que as horas de folga e de lazer contribuem para as nossas reflexões mentais, trazendo alegria, júbilo e refazimento para a alma.

Que os nossos pensamentos devem estar direcionados para a plenitude, desejando sempre coisas boas, para nós e principalmente para os outros, formando verdadeira "enxurrada" de formas-pensamento, o que certamente irá modificar o meio em que vivemos.

16

A força do pensamento

DECORRIDOS MILÊNIOS desde o aparecimento do homem na Terra, após centenas de reencarnações no campo da carne, o pensamento contínuo, o maior instrumento doado por Deus à humanidade terrestre, permanece sendo uma incógnita, pouco aproveitado pelo ser humano, que não dá a esse instrumento divino o seu valor, nem mesmo o utiliza com equilíbrio, sofrendo, com isso, as consequências normais da sua incúria e intolerância.

Os segredos da vida se revelam àqueles que aprendem a pensar com disciplina e equilíbrio. Pensar é buscar no mais profundo da mente imortal a origem daquilo que sentimos, abastecendo-nos de intuições, orientando-nos para os bons propósitos, equipando-nos de tendências e pendores nobres. Assim, passaremos a desfrutar as primícias da vida, estuante e sempiterna.

Precisamos ter cuidado com os nossos pensamentos. Quando pensamos, emitimos ondas eletromagnéticas que, antes de se direcionarem para o objetivo que almejamos, passam pelas reentrâncias da nossa aura humana e nela se fotografam, deixando marcas indeléveis. Isso é tão real, que André Luiz, pela psicografia de Chico Xavier, afirma no livro *Fonte viva* que ninguém lesa o próximo sem antes lesar a si mesmo.

Para o nosso próprio bem, precisamos pensar o melhor, sempre procurando nos tornar pessoas melhores. Para tanto, é necessário que mantenhamos a persistência e a firmeza em nossos pensamentos. Assim, iremos também colaborar para a melhoria do próprio mundo em que vivemos, tornando-nos aptos a realizar as mudanças de que necessitamos.

Tudo o que vívida e ardentemente desejamos, imaginamos ou sonhamos, e em que sinceramente acreditamos, quando posto em ação com entusiasmo, tornar-se-á realidade. Eis o primeiro passo para concretizarmos todos os nossos projetos.

A maneira como pensamos hoje determina o que viveremos amanhã. Portanto, é necessário decidirmos que espécie de pessoa queremos nos tornar. Deixemos de lado a ideia de que tudo o que ocorre conosco é obra do destino. Somos nós os responsáveis pelos nossos pensamentos e, consequentemente, pela vida que levamos.

O pensamento contínuo é o meio pelo qual nos surgem o espírito de luta e as tomadas de iniciativa. Aliando-os à resignação, tornamo-nos melhor adaptáveis às circunstâncias, o que nos capacita a vencer as dificuldades que se nos deparam na vida.

17

O valor da vida

A VIDA É O AMOR EM MOVIMENTO, e o amor é a chave da vida. Por meio dos impulsos do amor o mundo inteiro se move, como se fosse uma máquina cósmica, assemelhando-se a um comboio cujas rodas infatigáveis avançam sempre para frente e para o alto, relegando à retaguarda todos aqueles que se insurgem contra os impositivos que aparecem.

Quem vive alegre e consegue amar carrega sempre consigo intensa luz, ainda invisível aos olhos da carne, mas que existe. É ela que determina a nossa elevação espiritual, assim como quem odeia leva sempre dentro de si o germe do mal, que fatalmente contribui para sua própria destruição.

A bênção de Deus está sempre presente em quem faz da vida um prazer, em quem sabe que a vida é tocha que deve ser levada até a "pira" da eternidade, mantendo-se, para tanto, corpo físico saudável, sem adulterações, até o momento da grande viagem.

A vida se torna angustiante para aqueles que se queixam diariamente dos outros e de si mesmos. Assumindo tal postura, inútil para nossos propósitos, deixamos de viver plenamente. Paralisamos nossos esforços em dar e receber amor para estimularmos a autopiedade.

Para construirmos uma vida melhor, equilibrada e feliz, precisamos fazer com que os nossos esquemas mentais contenham iniciativas justas e ordeiras e harmonizá-los com a vontade de Deus.

É importante escolher o melhor da vida, sem medo de ser feliz. Busquemos os melhores dons, sejam físicos ou espirituais. Aos poucos fortaleceremos em nosso íntimo a paciência, o amor, a compaixão, o que certamente nos dará o aval de que precisamos para viver a felicidade plena.

Outro detalhe importante em relação à vida: se Deus é importante para nós, também somos importantes para Ele, que se utiliza dos nossos esforços de cocriação para preservar e transformar todo o sistema de imensidade.

À medida que temos o conhecimento de que a vida física é apenas um estágio, sendo a vida real a espiritual, que reconhecemos que somos eternos e não podemos morrer ou ser destruídos, a vida toma novo significado. Não há mais espaço para o tédio, angústia ou depressão.

Para que possamos decifrar os enigmas da vida, precisamos aprender a conviver com os nossos semelhantes, o que é muito mais difícil do que viver. Compartilhar requer certa dose de sacrifício, o que pode ferir o nosso orgulho e a nossa vaidade. Lutemos para que isso não dificulte nossa caminhada terrestre.

18

Estímulos

NUNCA SE SINTA SOZINHO, pois sempre há alguém perto de você, mesmo que você não o veja ou sinta. Lembre-se de que é uma alma vivente, numa eterna caminhada em direção ao Infinito. Encontrar a alegria nesta maravilhosa e fascinante viagem só depende de você.

Em qualquer situação em que se encontre, mesmo nas mais difíceis de sua vida, prossiga com fé, coragem e determinação, confiança e naturalidade. Observe cada curva da estrada da vida e não olhe para trás ou se detenha diante de barreiras. Marche, resoluto, rumo aos seus objetivos.

Pense que, ao chegar ao seu destino, você se sentirá plenamente feliz. Será gratificante desaguar, enfim, no grande oceano da vida, onde, certamente, todos aqueles que caminharam ao seu lado e se foram antes de você o estarão esperando, para felicitar o seu esforço, a sua vitória em atravessar com equilíbrio e serenidade as "águas enigmáticas" do "rio da morte".

Encare cada experiência de sua vida como sendo útil ao seu desenvolvimento moral e intelectual. Não tenha medo de errar. Faça dos possíveis erros aprendizado para novas incursões no campo do bem.

Não se prenda a sonhos e teorias; coloque em prática o que é capaz de fazer. Deixe de lado as dúvidas e os receios e ocupe suas mãos com trabalho digno. Não retarde sua elevação deixando-se levar pela inércia. Confie, tenha coragem e execute suas aspirações nos campos da carne e do espírito.

A vida é dinâmica por excelência. Precisamos, portanto, dinamizar tudo o que nos envolve: o conhecimento, a religiosidade, a convivência. Coloquemos em movimento tudo o que há ao nosso redor, a fim de darmos os primeiros passos na direção dos nossos objetivos.

Encaremos os percalços da vida, mesmo quando caprichosamente colocados em nosso caminho, não como obstáculos, mas como desafios, para que, por meio de nosso esforço pessoal, possamos aprimorar o nosso espírito imortal.

Cada passo dado em direção à iluminação é mais um passo de progresso e elevação na imensa jornada rumo à Comunidade de Amor Universal.

Cabe a cada um encontrar o seu lugar e a parte que lhe cabe no maravilhoso mundo em que vivemos, acompanhando, sempre, o ritmo da vida, sem atropelar ninguém, caminhando com passos seguros e firmes, respaldados pelo pensamento ligado a Deus e a Jesus, o maior Amigo das criaturas.

19

Obstáculos da vida

O MEDO QUE QUASE TODOS NÓS demonstramos, diante até de pequenos entraves, é corrosivo íntimo letal, que dificulta o desenvolvimento das potencialidades que trazemos embrionárias. Isso retarda a realização das prioridades que traçamos para esta vida, tornando-nos "subjugados pelo destino", sem nenhuma capacidade para modificá-lo a nosso favor.

A experiência em sociedade, ou até mesmo em situação de isolamento, é recheada de perigos, obstáculos, armadilhas do destino. Cabe ao espírito imortal, esse andarilho do Infinito, guiar com destreza as rédeas de seu cavalo, o corpo físico, sempre lhe apontando o rumo certo, a fim de afastá-lo dos caminhos acidentados e protegê-lo dos riscos da jornada.

Ainda que nossas decisões possam trazer aborrecimentos, não devemos tomá-las com medo, nem mesmo apreensivos. Só o trabalho nos fortalece intimamente. Aprendamos com as experiências, nossas e dos outros; são de grande valor para nossa vida material e para a futura vida espiritual.

Não temamos situações difíceis; enfrentemos as complicações com decisão e coragem. Cada nova decisão semeia o futuro em nosso coração, forja nossa personalidade e enobrece nossa alma, que passa a confiar no destino que a espera.

Cada nova experiência acarreta mudanças. Todos dizemos esperar por mudanças, mas mudar não é nada fácil. Mudar abala nossas estruturas, remexe em verdades estabelecidas, e é normal se sentir desconfortável, desejar, ao menos por um momento, que tudo permaneça igual ou volte a ser como antes. Todos nós tememos o novo. Nessa hora, é necessário que redobremos a coragem e a determinação, a fim de "chutarmos o balde" e empreendermos as mudanças que nossa consciência pede.

As grandes vitórias pertencem aos destemidos, desbravadores, corajosos, aos que têm iniciativa. Estes escrevem seus nomes na história universal e catapultam, com seu exemplo, aqueles que ainda se sentem fracos e inseguros diante dos desafios da vida.

Nossa consciência imortal exige de nós posicionamento firme diante da vida. Saturada de resíduos do passado, ela impõem inovações para o presente, a fim de colher seus frutos no futuro e assim acelerar a nossa marcha evolutiva.

20

Recados importantes

APROVEITE SEMPRE O SEU TEMPO para vivenciar a paz, a tranquilidade, a alegria e a solidariedade, preparando, assim, seu coração para a grande mudança que certamente virá, por meio do fenômeno da morte. Eduque-se em prol de sua reforma íntima, trabalhando por tornar claro e sensível o pensamento contínuo, ajustando-o às Leis divinas que regem a vida cósmica.

Procure não julgar as pessoas precipitadamente, tomando por base apenas as aparências. O exterior é falho, fenece, e qualquer análise moral ou intelectual que considere apenas o exterior, o que "parece ser", será imperfeita. É necessária, portanto, maior compreensão do lado interior da vida; observar as pessoas de maneira global, focando no que elas têm de melhor, sem cobranças ou preconceitos, usando de imparcialidade em todas as ações.

Acautele-se ao tomar qualquer decisão. Muitas vezes nossos projetos estão intimamente ligados a outras pessoas, e estas poderão ser prejudicadas se nos precipitarmos ou agirmos sem prévia análise. Isso pode gerar clima adverso com os nossos companheiros de jornada, dificultando nossa caminhada e atravancando o roteiro de nossos semelhantes.

Mantenha-se aberto a inovações, mas não imponha seu ponto de vista. Ouça as opiniões do grupo ao qual pertence, elogie o esforço dos demais, mesmo que os conceitos emitidos não sejam do seu inteiro agrado. Seja positivo e amável e mantenha-se disposto a dialogar.

É importante não se expor em determinadas situações. Procure agir com sabedoria e discernimento para entender o que há por trás dos problemas que aparentem difícil solução. Para tanto, a paciência e a inteligência são essenciais. Procure externar suas emoções com alegria e sinceridade; não tenha medo de se mostrar frágil. Viva sem a preocupação de se mostrar frágil, conscientizando-se de que vivemos em sociedade e precisamos uns dos outros. Busquemos no inconsciente as reservas morais necessárias para repor as energias de que necessitamos para enfrentar o presente.

Procure ajudar todos aqueles que o procurarem, na caminhada evolutiva, mas não espere retribuições imediatas pela ajuda prestada. Você poderá se sentir frustrado e se revoltar, o que comprometerá suas novas experiências.

21

Imortalidade da alma

A IMORTALIDADE, PARA MUITOS espíritas e espiritualistas de outras religiões e crenças, é assunto de difícil compreensão. Isso se dá porque o homem terreno é por excelência imediatista, e dificilmente aceita a perpetuidade dos seres, mesmo que esta se dê em outras dimensões da vida, quando já tiver se desvencilhado de sua roupagem física, através do fenômeno que chamamos morte.

Todo aquele que tem apego demasiado ao corpo físico é materialista. Ainda que adote qualquer religião ou doutrina e por meio dela passe a ter fé em um futuro, dificilmente se conscientizará de sua condição de herdeiro de si mesmo, de espírito destinado a crescer e evoluir rumo à eternidade, quando, então, não mais precisará reencarnar e fixará moradia no Espaço, liberto das limitações do corpo físico e tendo a vontade e o pensamento como principais ferramentas.

É preciso que compreendamos que ninguém poderá alcançar a eternidade por nós. O primeiro passo para atingi-la é aceitar que a morte é apenas uma ilusão, um estágio entre duas vidas, e não possui o poder a ela atribuído pelas concepções humanas. Podemos entendê-la como um "caminhão de mudanças" que apenas transportará de um lugar para outro aquilo que nele colocarmos. O que encontraremos além da morte é de responsabilidade nossa, e nossa felicidade ou infelicidade dependerá da felicidade ou infelicidade que daqui levarmos.

Se a "carga" que acumulamos para transportar for repleta de ódio, rancor, ressentimento, inveja, ciúmes, maledicência, impaciência, maldade, avareza, egoísmo, orgulho e prepotência, certamente teremos muitas dificuldades do outro lado da vida. Porém, se a carga que levaremos tiver a leveza da bondade, da caridade, da benevolência, da simpatia, dos laços fraternos e de amizade, da indulgência, do perdão e do amor, não teremos nenhum problema do outro lado da vida, e a morte será apenas um sono que se completa, do qual acordaremos de maneira leve e suave, sem nenhum constrangimento que possa nos fazer infelizes.

Ao atravessarmos a "porta da morte", descobrimos que continuamos vivos, porque a vida é eterna. Voltamos à esfera física para ressarcir débitos da retaguarda e para aprender, para crescer, para nos superarmos e ganharmos estrutura para viver no Espaço Infinito, onde a vida é plena, estuante e eterna.

22

Admoestações

FUJA DAS EXPLOSÕES TEMPERAMENTAIS que vez por outra o acometem. Além de não serem a melhor maneira de conseguir o que se quer, podem se tornar vício difícil de superar, trazendo prejuízos materiais e espirituais para você e para aqueles com quem convive.

Economize suas emoções para algo que realmente o enterneça e auxilie a traçar novos rumos necessários para sua vida, não se deixando levar pelas ilusões temporais e as aparências, que cedo ou tarde fenecem, podendo, antes disso, causar marcas profundas em nossas escolhas e nossa vida.

Invista em seus projetos e não fuja de eventuais problemas. Solucione primeiro os mais fáceis, depois encare com determinação e coragem os mais difíceis, sem tardar, a fim de evitar que futuramente possam lhe trazer desconforto e aborrecimentos maiores.

Seja cauteloso nos seus relacionamentos. Não invada as fronteiras alheias e mantenha em seu íntimo vibrações positivas para todos. Não ignore as dores do próximo. Se não tivermos compreensão, carinho e compaixão para com o sofrimento do outro, essas vibrações problemáticas fatalmente ecoarão em nós, desestabilizando-nos física e espiritualmente, acarretando diversas enfermidades.

Nunca se fixe apenas nas aparências, a fim de não se decepcionar, mas busque as verdades ocultas. Estas requerem do observador perspicácia para enxergar além do que se vê, o campo íntimo de tudo o que existe, onde certamente encontrará o que procura.

Seja inteligente ao compreender o seu semelhante. Enalteça sempre o que ele tiver de melhor, sem lhe apontar as falhas; estas, todos as temos, é natural. Estimule-o a trabalhar cada vez mais, com esmero, injetando-lhe ânimo sempre que necessário. Isso certamente o fará feliz.

Não queira controlar a tudo e a todos. O Criador nos deu a todos livre-arbítrio, e se este é respeitado pelo próprio Deus, deve mais ainda ser respeitados por nós. Qualquer ação autoritária de nossa parte cerceia esse mecanismo divino, deixando nosso semelhante constrangido, humilhado e dificultando sua evolução.

Utilize os conhecimentos que já conquistou para escolher um caminho mais fácil de evolução. Mas não se esqueça: mesmo tendo que caminhar com os outros, você é o único responsável por seus erros e por seus acertos, no início, no meio e no fim da estrada a percorrer. O mais importante é não olhar para trás, mas andar sempre para a frente e para o alto, fixando no horizonte distante a meta a ser alcançada.

23

Influência sobre os outros

A INFLUÊNCIA QUE EXERCEMOS sobre os outros e a que exercem sobre nós estão intimamente ligadas à lei de solidariedade, e somos todos dependentes das energias que circulam no Universo.

O homem, ser biológico e espiritual, é, na realidade, usina de forças conectada por laços invisíveis a bilhões de outras usinas, que são os nossos semelhantes. Estabelece-se, assim, inevitável sistema de trocas em que tudo o que emitimos retorna para o centro de origem. Portanto, se o que lançarmos for ruim, receberemos a mesma descarga negativa, o que afetará nossos centros de energia.

Na realidade, não vivemos para nós mesmos, mas para os outros, e tudo o que pensamos ou fazemos ecoa por toda a Criação. Assim, nossos pensamentos se unem a milhares de outros, estabelecendo formas-pensamento que podem alimentar desequilíbrios - como conflitos e guerras, por exemplo -, equilibrar e harmonizar - fortalecendo a nobreza de caráter e a retidão e inspirando grandes projetos em prol do bem comum -, conforme o padrão energético que as caracterize.

Portanto, cuidado com os seus pensamentos, as suas palavras e atitudes, porque a repercussão é inevitável! Lembremo-nos de que nossas energias, antes de ganhar o Espaço, passam pelo nosso cosmo biológico e espiritual e deixam sua marca. A energia negativa certamente vai provocar implosões deletérias, que vão desde pequenas enfermidades até distonias físicas e mentais de difícil diagnóstico e cura.

Diz o mentor espiritual de Francisco Cândido Xavier, Emmanuel, que ninguém lesa o próximo sem antes lesar a si mesmo. Ao cometermos uma falta, gravamos no nosso inconsciente o sentimento de culpa, que só será apagado quando ajustarmos contas com a própria consciência, nosso juiz interno encarregado da cobrança e do castigo, mas também do alvará de liberdade de que precisamos para continuar crescendo e evoluindo.

A união da família consanguínea é de suma importância para a nossa vida, porque constitui o primeiro estágio de convivência para o grande desfio que é a formação da família universal, constituída não de pais e filhos, tios e avós, mas de espíritos que se afinam com os princípios da imortalidade, da cocriação contínua e sempiterna do Universo criado por Deus.

24

O cuidado com o passado

UM DOS MAIORES DESAFIOS do homem é administrar o passado. Arquivado no inconsciente, o passado pode aflorar a qualquer momento, acordado por pequenas circunstâncias. Em determinadas épocas, o pretérito parece mais vivo, seja por estarmos vivendo um processo de aceitação, seja pelo fato de nossa consciência estar mais preparada para resgatar possíveis débitos.

Ao nos determos essencialmente nas faltas do passado, lamentando os erros cometidos, assumimos postura de autopiedade, nada proveitosa para solucionar o que de fato já está feito. A solução dos problemas está em assumir postura oposta, trabalhando em favor dos outros e resgatando, por meio do bem, as faltas cometidas, mesmo que favoreçamos agora pessoas sem qualquer ligação com nossas vítimas pretéritas.

É preciso controlar a impulsividade para não cometermos novas faltas, agravando a nossa situação diante da consciência imortal. Devemos ponderar cada passo, agir de maneira equilibrada. Não nos deixemos seduzir pela aparente glória da vida material, para que nossa mente não se turve com vícios, desejos e paixões de agora ou que estavam adormecidos em nosso inconsciente. Somente a disciplina rígida e a vigilância constante podem combater esses males em sua origem.

Resgatemos nossos valores por meio das lutas diárias; resguardemo-nos por meio do trabalho em favor do próximo, trabalhando-nos, sobretudo, interiormente. O tempo não volta nem espera por nós, então, comecemos.

Conscientizemo-nos de que somos o que pensamos e falamos; cuidemos de nossos pensamentos e palavras. Uma palavra pode causar um grande bem ou ser muito perigosa. Não nos descuidemos, porém, do que entra por nossa boca. Nosso corpo físico é o instrumento concedido por Deus para nossa evolução e deve ser preservado. O fumo, o álcool e as drogas em geral, por exemplo, desestruturam as células do corpo somático e repercutem seriamente no corpo espiritual (perispírito).

Considere com carinho e sabedoria o que tem reais condições de realizar. Projetos utópicos em geral acabam em lembranças tristes e frustração. Evite se perturbar, mantenha os pés no chão, adaptando-se às coisas simples enquanto as mais complexas aguardam o nosso preparo e o nosso conhecimento para que possamos equacioná-las.

A vida é feita de pequenas coisas que se unem num todo harmônico. Mesmo o maior dos rios começou seu curso como um pequeno filete de água. Todo caminho precisa do primeiro passo. Tenha a humildade de construir seu futuro tijolo a tijolo, por meio de gestos simples de bondade e caridade. Deixe o passado no passado e siga em frente, vigilante e operoso nas necessidades presentes.

25

O homem diante de Deus

DECORRIDOS QUASE DOIS MIL ANOS de estadia do Cristo aqui conosco, ainda não aprendemos quase nada do seu Evangelho de amor. Ao contrário, continuamos seguindo Jesus "de longe", como fez o apóstolo Pedro, em estado de invigilância. Uma pergunta nos ocorre: quais seriam os planos de Deus e de Jesus para a humanidade terrestre?

Há, porém, um outro questionamento: quais os planos dos homens para se aproximarem de Deus? É difícil responder. Diariamente a mídia nos choca com um mundo onde assassinatos, roubos, agressões, corrupção, parecem comportamentos comuns. Isso sem contar a devastação do meio ambiente, sustentáculo de nossas vidas; o homem tem agido como o pior dos predadores.

É preciso reconhecer que a luta é necessária para nosso desenvolvimento e encarar a vida como gloriosa aventura de lapidação do espírito, onde mesmo o aparente mal cumpre sua função nos planos divinos. Mas será que a vida que temos levado segue os planos traçados por Deus e pelo Cristo para a humanidade?

Deus jamais desejaria que enormes somas de dinheiro fossem gastas em armamentos e instrumentos de destruição; jamais planejaria um nacionalismo tão radical e tão arrogante que impossibilitasse a associação de culturas. A corrupção desenfreada que hoje prolifera nos altos escalões de quase todos os governos do mundo tem raiz no egoísmo e na vaidade pessoal, dois monstros que minam as resistências espirituais, criando a indiferença, aliada do orgulho e das intolerâncias.

Se não tivéssemos egoísmo e orgulho, a Terra seria paraíso de amor e beleza. Aonde quer que fôssemos, veríamos jardins e pomares, belos parques e caminhos floridos; ouviríamos o canto dos pássaros, o borbulhar das fontes e cascatas, o murmurejar dos córregos e riachos. Quando cansados, poderíamos sentar sob árvores frondosas e nos deliciar com as frutas sazonadas da estação.

Cada ser humano só se empenharia no trabalho que o seu desenvolvimento permitisse; haveria emprego para todos; mais empenho para explorar os recursos ainda ocultos do mar; aprenderíamos a respeitar o dia e a noite com seu magnetismo.

Haveria tempo para tudo: para marido e mulher cultivarem o verdadeiro companheirismo; para o entendimento entre pais e filhos; para o nascimento de amizades sinceras; para o cultivo das Artes, da Ciência e da Música; para ajudar as crianças a descobrirem o seu lugar no mundo; para o lazer tão necessário às nossas vidas. Haveria tempo, enfim, para o cultivo do nosso interior e a evolução de nosso espírito imortal, esse nômade do Espaço.

26

Gratidão e ingratidão

A NARRATIVA BÍBLICA QUE aponta a história dos dez leprosos curados pelo Cristo contém profunda lição que deveria nos motivar a respeito da gratidão, virtude de almas que já se encontram a caminho do enobrecimento. Narra o texto evangélico que dos dez leprosos curados apenas um voltou para agradecer, numa demonstração clara de que estamos ainda muito distantes de sermos verdadeiramente gratos.

Podemos começar agradecendo a Deus já pela manhã, ao acordar, pela volta da consciência; em seguida, podemos agradecer pelo café da manhã, pelo dia que está começando. Agradeça a Deus por todas as oportunidades, inclusive o convívio pacífico com os seus familiares, não esquecendo de agradecer pelos bens materiais que Ele permite que você usufrua.

Ao pensar sobre o que o deixa angustiado, poderá encontrar a resposta no consumismo desenfreado. Vinte e quatro horas por dia os meios de comunicação nos impõem desejos e necessidades que não temos, convencendo-nos a querer sempre mais. Ensimesmados, passamos a ignorar aqueles que demandam nossa atenção e nosso auxílio na prática do bem. Tudo isso dificulta nosso trabalho em prol de um objetivo maior, fazendo com que nos deixemos levar pela inveja, pela raiva e pelo rancor.

Se você quer realmente ser feliz, comece, logo ao acordar, agradecendo a Deus por estar aqui na Terra, pela casa que o acolhe, pelos parentes e amigos que possui; a cada noite, antes de dormir, procure recordar os fatos do dia e agradeça. Torne esses momentos de exercício da gratidão diários, a fim de se habituar a agradecer. Ser gratos nos torna humildes diante de Deus e de Jesus, atraindo para nós o concurso dos bons espíritos, que certamente irão nos auxiliar em nossa jornada evolutiva no campo da carne.

Um velho ditado diz que o ingrato não é aquele que não retribui, mas o que se esquece. Muitas pessoas não têm meios de retribuir um favor prestado, por mais que o queiram, mas sentem gratidão. Mas aqueles que simplesmente se esquecem do auxílio recebido demonstram grau de imperfeição ainda muito comum aos homens, não esboçando qualquer esforço em sequer se mostrarem gratos pelas mãos que se lhes estenderam nos momentos difíceis da caminhada.

A gratidão para com os pais é ato dos mais sublimes da vida, pois demonstra respeito por aqueles que nos deram a oportunidade de reencarnar, de crescer em um lar, de manter a nossa subsistência física e de nos educarmos para o mundo, ensinando-nos o caminho da verdade, do trabalho e da persistência, valores que certamente nos levarão ao encontro da felicidade.

27

Roteiros da vida

A VIDA É CAMINHO TORTUOSO que temos que percorrer para atingir a nossa transformação. Ao contrário do que muitos pensam, porém, isso não se dá automaticamente. Por outro lado, não estamos presos a nenhuma espécie de carma definitivo. Tudo está sujeito a mudanças. Depende apenas do esforço de cada um em estruturar pensamento forte, a fim de empreender a mudança almejada pelo nosso coração, tranquilizando nossa consciência pelo cumprimento do dever.

É exatamente por isso que a vida apresenta fases distintas – infância, juventude, maturidade, velhice –, diferentes etapas de um mesmo período de permanência aqui na Terra.

Ao nascer, a criança inicialmente se descobre, parece se voltar para si mesma, tomando gradativamente conhecimento do entorno, olhando além de si mesma. Aprende por meio dos exemplos a arte de conviver, pois descobre que precisa dos outros para satisfazer suas necessidades. Na adolescência, muitas vezes age de maneira egoísta, mas, ao mesmo tempo, parece alimentar certa vontade de compartilhar.

A maturidade é a fase que mais exige do homem nos campos moral e intelectual. Atingida a maturidade, todas as regras do viver em sociedade já são conhecidas. Só não as cumprem aqueles que ainda alimentam em si os maus instintos (muitas vezes resquícios de vidas anteriores). É nessa etapa que o homem encontra as melhores oportunidades de renovação, crescimento e aprimoramento, de buscar novas fontes para se alimentar psiquicamente. Em geral se encontra na metade do caminho, trazendo potencialmente todos os meios necessários para progredir e evoluir, ressarcindo as dívidas pregressas.

A fase da velhice, ou terceira idade, é a etapa da reflexão. Olha-se para o passado de maneira analítica, repensando erros e acertos, visando a acertar as contas com a consciência. Trazemos, então, acervo consideravelmente vasto de realizações, o que deveria nos permitir escolhas mais acertadas. Os equívocos a essa altura da vida, porém, devem-se ao fato de que o avanço da idade nem sempre é sinônimo de sabedoria. Muitos ainda envelhecem sem qualquer responsabilidade, deixando-se levar pelo desengano e a autopiedade.

Envelhecer com sabedoria requer trabalho, determinação, alegria, coragem, renúncia e, principalmente, desprendimento dos bens terrenos.

28

A pena de pavão

CONTA CERTA LENDA ÁRABE que um nômade do deserto resolveu mudar de oásis e começou a carregar o seu único camelo com os utensílios que possuía. Colocou primeiro os tapetes de sua predileção, depois quadros da paisagem árabe, utensílios de cozinha, muitos baús cheios de quinquilharias, e o animal aguentava firme, sem mostrar nenhuma revolta pelo peso excessivo que lhe impunha o dono.

Depois de algum tempo, o camelo estava abarrotado e ainda assim permanecia de pé. O beduíno já se preparava para partir quando se lembrou de que esquecera uma pena de pavão que lhe servia de caneta para escrever cartas.

Tomou cuidadosamente a pena e a colocou em cima do animal que, de imediato, arriou com o peso e morreu, levando o árabe a exclamar: "Que animal mole! Não aguentou uma pena de pavão!".

A historinha nos leva a reflexões profundas, porque a pena de pavão foi apenas a gota d'água que faltava para a exaustão do pobre animal. O mesmo ocorre conosco no campo íntimo. É muito comum, por exemplo, um trabalhador perder o emprego e alegar ter sido demitido por um atraso de apenas dez minutos, sem atentar para o fato de aquele ter sido o seu décimo atraso consecutivo. Ou então um marido se queixar de ter sido abandonado pela esposa por ter chegado um pouco embriagado, parecendo ignorar as muitas noites em que chegou em casa alcoolizado e espancou a esposa.

Todos nós temos um limite, e quando este é ultrapassado, é muito difícil reverter a situação. Portanto, cuidado com as suas atitudes para com os demais, principalmente aqueles que ama. Pequenas faltas podem até passar despercebidas para quem as comete, mas jamais são ignoradas por quem as sofre, e vão se acumulando até que uma gota d'água seja suficiente para transbordar a taça. E assim são arruinados casamentos, empregos, amizades, sociedades e a própria personalidade da pessoa envolvida.

Em seu cotidiano, procure vigiar suas atitudes, a fim de não ofender ou prejudicar ninguém. Algumas pessoas são extremamente sensíveis, aborrecendo-se por muito pouco. Cabe, então, ao mais evoluído a missão de se relacionar de maneira cordial e sincera.

Procure controlar o nervosismo, as desilusões e os desencantos, a fim de se manter sempre em harmonia. Não corra o risco de magoar ninguém; transmita aos demais o seu melhor, certo de que a felicidade que levar aos seus semelhantes voltará para você, proporcionando-lhe alegria de viver.

29

Culpa e responsabilidade

SENTIR-SE CULPADO CORRÓI as estruturas do perispírito e do corpo físico, provocando distonias físicas e psíquicas de difícil cura. Estas têm origem em nossos próprios pensamentos desestabilizados pela autopiedade e restringem a ação de nossos anticorpos, derrubando as defesas de nosso organismo e nos sujeitando à ação de vírus e bactérias.

É muito comum culparmos os outros pela nossa infelicidade, quando na realidade somos nós mesmos que atraímos o que de ruim nos acontece, seja reflexo de nossas escolhas nesta vida, seja em vidas passadas. Nos deixamos enganar pela nossa percepção falha, acreditando que a vida é injusta e que não há lógica no mundo. E assim, muitos passam anos crendo-se eternas vítimas, ruminando pseudoinjustiças sofridas, sem no entanto esboçar qualquer esforço para mudar, acomodados à espera de serem beneficiados pela Lei divina.

Hoje, quase todas as doutrinas e religiões admitem que os acontecimentos são apenas resultado do que fizemos no passado ou estamos fazendo agora, ou talvez uma variante de nosso estado mental.

O Universo em que vivemos é regido por leis precisas e duras, que não podem ser adulteradas, em especial a lei de causa e efeito, que nos obriga a ressarcir os débitos passados.

Não apontemos culpados para os nossos problemas. Procuremos olhar para dentro de nós mesmos e assumamos a responsabilidade pela nossa vida e pelos nossos atos.

Reconhecer-se culpado é passo importante para o remorso e, consequentemente, o arrependimento. Mas prender-se nesses sentimentos não resolve nada. Nossos esforços devem se voltar para o reparo das faltas cometidas. Somente o trabalho no bem pode calar as dores que causamos.

Procure conversar abertamente com as pessoas a quem prejudicou; não tenha vergonha de pedir perdão. Verá que aos poucos tudo irá se normalizar e que em muitos casos os inimigos de ontem se transformam nos verdadeiros amigos de amanhã.

Desfaça-se do ódio, do rancor, do ressentimento e da raiva, fardos difíceis de serem carregados e que minam nossas forças físicas e espirituais. Pratique a bondade, a solidariedade, o amor, e viva em paz.

30

Reforma íntima

O HOMEM É PARTE DO PRÓPRIO DEUS, uma espécie de partícula infinitesimal do Pensamento divino; ou ainda um deus embrionário que já possui os recursos necessários para sua elevação espiritual, mas em estado latente, necessitando da experiência no campo da carne para que essas potencialidades sejam afloradas.

Jesus asseverou: "Vós sois deuses" (*Jo.*, 10:34), e o apóstolo Paulo reafirma, em carta aos gentios: "Deus habita em vós" (*1Co.*, 3:16), em clara alusão ao fato de que já possuímos conosco o gérmen da perfeição e somos programados para evoluir. Evoluímos em meio a constante batalha interior entre o bem e o mal a cada escolha, nosso livre-arbítrio.

As boas e as más inclinações travam luta titânica dentro de nós, e o que define o vencedor são os nossos esforços em vencer as más inclinações. Essa batalha é tão real que às vezes, mesmo estando prestes a tomar uma atitude positiva que nos trará benefícios no campo físico e espiritual, uma voz interior contrária, a qual acabamos dando ouvidos por invigilância, convence-nos a desistir. Do mesmo modo, às vezes temos consciência do mal que certa atitude ilícita poderá causar mas, ainda assim, aceitamos o que nos diz a voz das más inclinações e cometemos o erro. Depois, resta-nos apenas o peso na consciência e a certeza de que estabelecemos para nós carma negativo que deverá ser sanado em médio ou longo prazo.

Precisamos reconhecer que esses dois impulsos são vozes diferentes, batalhando pelo controle do nosso pensamento, que é, na realidade, o instrumento que molda o comportamento humano por meio da experiência e da vivência conquistadas pelo trabalho.

O primeiro passo para nos libertarmos do jugo das más inclinações é reconhecê-las como inimigas interiores, mesmo porque a má inclinação é reflexo das tentações, que na verdade também são interiores e não exteriores como costumamos crer.

Um método simples e eficaz para combater as más inclinações consiste em pequenas observações: tolerância máxima com aqueles que nos procuram, ou que convivem conosco; paciência em todos os empreendimentos em que participamos; prática da caridade, sempre que possível; perdão, indistintamente e sem restrições; emprego do tempo sempre em trabalho útil, de preferência em favor do próximo; seleção das prioridades do dia, dando realce às de cunho espiritual; dedicação de parte do nosso tempo ao estudo, à meditação, à prece e ao silêncio; conscientização de que a vida continua e que a estadia aqui é apenas temporária, espécie de exílio obrigatório para aprendizado positivo a respeito da vida eterna.

31

Insônia

MUITAS PESSOAS CONSIDERAM a hora de dormir o momento mais importante do dia, pois, após toda uma jornada de trabalho e atividade, aguardam pelo descanso natural do corpo e da mente, por um período para se restabelecerem da rotina corrida das grandes metrópoles. Outros tantos, porém, passam o dia cientes de que a noite trará longas horas de espera pelo sono, que certamente não virá. Para esses, a insônia é a companheira fiel das madrugadas.

O insone aguarda a chegada da noite com certa ansiedade, pois já sabe que dificilmente terá o descanso necessário para começar um novo dia. Com o tempo e as muitas noites em claro, é inevitável que o corpo comece a sentir os reflexos do cansaço, e que a qualidade de vida seja prejudicada. Muitas vezes apela para medicamentos, o que deve ser feito com cautela e sempre contando com a prescrição de um especialista. No entanto, em grande parte o que impede o insone de "desligar" são as cobranças e complicações do dia a dia. Mesmo que a medicação adequada o faça dormir, o ideal seria dormir um sono natural, aprendendo a relaxar a mente e se colocar em repouso.

A insônia é mal muito comum e afeta quatro em cada dez pessoas. Estas não dormem com regularidade, acordam no meio da noite sem conseguir retomar o sono. Quem sofre de insônia sabe o drama que vive: a angústia de ver as horas passarem a saber que será necessário levantar sem se sentir descansado; o mal humor e a irritação no trabalho ou no convívio pelos motivos mais simples; a aparente letargia do raciocínio.

Estudos apontam que 24 horas sem dormir afetam o desempenho mental do indivíduo. A memória é prejudicada e o desempenho no trabalho diminui. Além disso, os níveis de estresse se elevam, tornando necessário acompanhamento médico especializado.

Para controlar a insônia, é necessário, primeiramente, admitir-se insone. Em seguida, deve-se, gradativamente, corrigir alguns hábitos que contribuem para a falta de sono. É preciso ter paciência e determinação para aos poucos reeducar o próprio sono. A mente é importante mecanismo de autocura nesse processo.

Primeiro, direcione suas energias físicas e mentais para o trabalho, mas sem excessos. Não leve para casa problemas profissionais, nem se obrigue a solucionar tudo de uma vez. Trace prioridades, solucione primeiro os problemas mais simples ou imediatos e despenda o tempo necessário para problemas mais intrincados. Aprenda a reconhecer e respeitar seus limites físicos e psicológicos. Faça algumas pausas para relaxar a mente ao longo do dia, permita-se breves descansos e dedique algum tempo para o lazer ou uma leitura edificante, por exemplo.

Antes de dormir, não tome café ou outras bebidas estimulantes; dê preferência a um copo de leite morno, sem açúcar. Faça uma prece e peça aos irmãos espirituais que auxiliem em seu repouso e velem seu sono. Boa sorte e bons sonhos.

32

Harmonia do corpo e do espírito

TODOS OS SERES HUMANOS buscam insistentemente a felicidade, mas a maioria não consegue encontrá-la. Ocorre que muitos imaginam que a encontrarão no bem-estar material, mas se esquecem de que o detentor do corpo é o espírito, e que a ele deve ser dada a maior importância. Por isso parecem mais leves e alegres aqueles que creem que uma vida orientada para a espiritualidade torna possível a tão almejada felicidade.

Na verdade, a felicidade se apoia na harmonia do corpo e do espírito, no equilíbrio entre os nossos desejos materiais e as nossas aspirações espirituais. O melhor caminho para alcançar essa aspiração maior é estabelecer profunda conexão com Deus, compreendendo que essa ligação se dá por intermédio da harmonização com o meio, com os outros e consigo mesmo.

A sintonia com Deus e a harmonia com o próprio corpo dizem respeito à nossa razão e às nossas emoções, evidenciando que, se violarmos continuamente as leis naturais que operam em nosso corpo, não poderemos manter boa saúde. É preciso, então, esforçamo-nos sempre em respeitar nosso organismo físico, não comprometendo, por negligência, a harmonia que lhe é devida.

Alimentação excessiva ou inadequada, falta de repouso, sedentarismo e falta de lazer são alguns fatores que desequilibram nosso corpo somático, assim como a falta de religiosidade, de leitura edificante, de prece, silêncio e recolhimento, deixa o espírito debilitado, fragilizado para enfrentar os problemas do dia a dia.

Quanto mais nos dedicamos a reflexões sadias e úteis, mais as tornamos instrumentos destinados a expressar sempre o melhor de nós mesmos. Mas se nos deixarmos levar pela influência das coisas fúteis e impuras, cortamos o laço harmônico que deve unir a razão aos impulsos da alma, refletindo negativamente sobre o nosso corpo físico e espiritual.

Ler obras espiritualistas interessantes, assistir a filmes educativos, meditar sobre os grandes problemas da vida, são atividades que mantêm nossa mente harmonizada.

Quanto ao campo das emoções, todos nós sabemos que os sentimentos de cólera, orgulho, ciúmes e maldade prejudicam consideravelmente nosso bem-estar emocional e, por consequência, nosso equilíbrio físico e espiritual. Por isso, façamos o possível para vibrar no ritmo das emoções puras e construtivas, evitando nos desestabilizar. Não é sadio nos deixarmos levar por emoções desequilibradas.

33

Precognição

A PREDIÇÃO DO FUTURO, bem como a adivinhação do passado, constitui negócio rentável. Milhões de dólares são gastos nos Estados Unidos com profissionais que se dizem aptos a desvendar enigmas pretéritos e futuros. Estes, porém, em sua maioria não passam de embusteiros e oportunistas cujas previsões são fraudes que não sobreviveriam à mais simples investigação. Tentar desvendar o futuro ou o passado é, de certo modo, uma violação. Se respeitássemos o fluxo normal da vida, veríamos todas essas respostas se descortinarem em seu devido tempo.

Hoje, há até máquinas que programam um "horóscopo feito na hora". Mas nada é tão procurado quanto as sessões especiais de adivinhação, cujo pagamento chega a cifras altíssimas, sem nenhuma certeza de que o trabalho realizado é garantido. Mesmo porque, as realizações de hoje podem ser destruídas pelos acontecimentos imprevisíveis do amanhã.

Admitam ou não seus adeptos, a predição do futuro e a adivinhação do passado se baseiam num fator: o determinismo ou predestinação. Afinal, a menos que se creia que o futuro da humanidade tenha sido antecipadamente traçado ou determinado, é improvável que se queira se propor a predizê-lo. Isto posto, concluímos que o sistema comum da predição do futuro requer a crença no fatalismo, ou seja, o futuro do homem seria predeterminado em todos os seus detalhes. Em outras palavras, haveria completa e proveitosa agenda de nossa vida.

Observando a nossa própria vida e de nossos amigos, podemos concluir que o destino nem sempre é benfeitor. Assim, vislumbrar o futuro revelaria do mesmo modo sofrimentos, dores e tragédias inenarráveis, sendo melhor, então, que esse futuro permanecesse incognoscível, visto que a paz de nossas mentes repousa muitas vezes na ignorância do momento futuro.

O fato de muitas pessoas procurarem saber o que as espera no futuro ou demonstra coragem ou que elas acreditam que os acontecimentos desfavoráveis possam ser evitados.

Se o destino fosse absoluto no concurso da vida do homem seria de pouco proveito conhecê-lo antecipadamente, porque tal conhecimento não evitaria que tudo acontecesse, e o chamado carma seria sequência natural dos acontecimentos de sua existência.

É provável que a maioria das pessoas que procuram conhecer o futuro o façam para aceitá-lo ou evitá-lo, o que indica certo conhecimento, mesmo que inconsciente, de grande verdade: o futuro está em nossas mãos.

É desnecessário dizer que muitos dos que praticam a arte de predizer o futuro são charlatães, com esperteza qualificada, pois mesmo para iludir incautos, é necessária alguma técnica ou especialidade na arte de enganar.

34

O sofrimento

QUASE TODAS AS PESSOAS que já se encontram de algum modo empenhadas em obter algum conhecimento religioso ou espiritual acreditam que, ao atingirem a iluminação interior, automaticamente se libertarão do sofrimento. Na verdade, nossas dores podem até ser abrandadas pela nossa evolução, mas a libertação de tudo o que nos desagrada é praticamente impossível.

O homem ainda sofre devido à necessidade de crescimento intelectual e moral, e pela má utilização do seu livre-arbítrio. Muitos dos nossos problemas são frutos da nossa ignorância a respeito das leis universais, que reprovam nossa conduta. Essa é a causa da nossa infelicidade.

Se tivéssemos maior conhecimento das leis que regem a vida cósmica, certamente seríamos cautelosos quanto a pensar, dizer ou fazer qualquer coisa que possa gerar algum débito, e compreenderíamos que para nos libertarmos das más ações passadas, ou eliminarmos mais rapidamente o que chamamos carma, deveríamos nos tornar espontaneamente generosos, bons, tolerantes e afetuosos.

Quanto maior for o conhecimento do espírito endividado, maior será o seu sofrimento, por saber que cada um de nós deve compensar o seu próprio mal, não competindo a ninguém julgar o comportamento de qualquer pessoa. A cada um cabe acertar suas contas com Deus, não importando a mais ninguém, pois não sabemos os motivos que levaram o outro a errar.

A chamada lei da compensação, ou causa e efeito, é impessoal e paga o bem com o bem. Devemos agir em harmonia com ela, a fim de não criarmos maiores dificuldades, compreendendo o mecanismo de ação e reação. Só assim nos libertaremos do desejo de vingança, aumentando sensivelmente a nossa capacidade de compreender e perdoar.

Ampliando os nossos horizontes por meio do estudo das outras leis do Universo, aprenderemos a controlar e a conduzir nossa conduta em relação a elas. Com isso, eliminaremos grande parte do nosso sofrimento, geralmente desnecessário. Vivemos e evoluímos num Universo moral, cuja essência nos encaminha para a pureza e a perfeição.

Reconhecendo o rigor das Leis divinas em relação às nossas faltas, leves, médias e graves, descobriremos, depois de muitas experiências, aqui e no Além, a vontade de Deus, e procuraremos cumpri-la. Isso nos trará felicidade e bem-estar, ao contrário da rebeldia, que traz consequências terríveis para nossas vidas, atrasando nossa jornada evolutiva neste planeta de provas e expiações.

Viva feliz, e procure não sofrer sem necessidade, agindo correta e conscientemente, com paciência e responsabilidade.

35

Persistência

PARA QUE POSSAMOS SER bem-sucedidos na vida, precisamos definir o objetivo que desejamos alcançar, ou seja, saber exatamente o que queremos, para só depois começarmos a caminhar na direção do objetivo desejado. Tenhamos sempre em mente, porém, que tudo deve ser realizado sem atropelos ou correria. Analisemos cuidadosamente todas as curvas do caminho, a fim de não prejudicarmos nenhum daqueles que também jornadeiam conosco em busca de algo maior.

Ao longo de nossa caminhada em busca da iluminação espiritual encontraremos muitos obstáculos, provas pelas quais devemos passar. Tenhamos paciência e carinho para suplantá-los. Se nos mostrarmos impacientes, coléricos e bravios diante dos problemas, mesmo o menor dos desafios se agigantará à nossa frente, exigindo esforço dobrado.

O sistema da evolução infinita funciona com a apresentação dos desafios e dos obstáculos, que na realidade irão nos fortalecer intimamente à medida que forem superados. Mas se desviarmos desses aborrecimentos por medo, covardia ou indiferença, eles se reapresentarão mais tarde à nossa frente, mais fortes e problemáticos, requerendo maior sacrifício de nossa parte.

A persistência é antídoto inquestionável na solução desses entraves, e a conclusão de nossos planos de elevação espiritual desperta profundo sentimento de realização em nosso coração.

É necessário, também, executar todo tipo de trabalho com alegria e felicidade. O mau humor, a preguiça, a má vontade, o desânimo e a prostração tornam qualquer experiência difícil, minando forças que possuímos em estado latente, aguardando apenas a nossa determinação para aflorar e conferir ao espírito imortal os recursos necessários para servir.

Não queira receber de graça o que não acrescentaria praticamente nada ao seu acervo de realizações; ao contrário, busque sempre o trabalho, em seu favor e dos demais, construindo laços fraternos de grande valia, não só aqui, como também nas dimensões extrafísicas.

A Terra é escola em que aprendemos a convivência psíquica com os nossos semelhantes, e persistir é essencial nesse relacionamento. Insistir no bem coroa de êxito os nossos propósitos mais sublimes de elevação espiritual.

36

Sol, o astro rei

DESDE OS TEMPOS MAIS REMOTOS os seres humanos admiram o Sol, mas, na realidade, pouco se conhece sobre ele. Apesar de sua importância vital, muitos jamais pararam para lhe dar o devido valor. Quantos de nós lembramos de agradecer cada novo amanhecer ou despendemos algum tempo para observar a beleza do Sol poente? Somos gratos pela luz natural que nos orienta os dias, ou pelo calor que contribui para que haja vida em todo o planeta?

O homem não teria condições de existir sem o concurso do Sol. Privados do seu calor e de sua luz, os oceanos e mares se congelariam, assim também como o próprio ar, e a vida na Terra morreria numa noite sem fim, deixando a humanidade terrestre órfã da vida física.

Mas o que é o Sol? O que lhe confere tanta luz? Perguntas como estas, que por tanto tempo ocuparam a mente humana, começaram a ser respondidas com o envio de sondas espaciais e satélites que forneceram à Ciência grande quantidade de informações.

Hoje não temos mais dúvidas: o Sol é imensa estrela, gigantesca massa de hidrogênio e de hélio (gases), que mede 1.391.785 quilômetros de diâmetro, sendo 330.000 vezes mais pesado do que a Terra e, juntamente com sua família planetária, faz parte da Via Láctea, imenso agrupamento com aproximadamente 100 bilhões de estrelas.

Existem muitas estrelas maiores e mais brilhantes que o Sol, mas ele parece ter o tamanho ideal para sustentar um planeta portador de vida, o que não acontece com as grandes estrelas que se extinguem rápido demais, durando apenas alguns milhões de anos antes de explodirem e destruírem os planetas que giram em sua órbita.

O Sol é composto de 75% de hidrogênio e de 23% de hélio, sobrando apenas 2% de outros elementos. A pressão e o calor no seu núcleo convertem a matéria em energia, que chega a sua superfície e é irradiada no Espaço, totalizando aproximadamente quatro milhões de toneladas por segundo.

Quando o Sol esgotar o suprimento de hidrogênio de seu núcleo, começará a contraí-lo o que produzirá mais energia do que nunca, transformando-o em imensa bola vermelha. A temperatura da Terra atingirá níveis tão elevados que a vida se tornará impossível no planeta. Isso, porém, só ocorrerá daqui a cerca de cinco bilhões de anos, quando a humanidade terrestre já tiver cumprido o seu destino, despindo-se de ódios, rancores e ressentimentos, e ornamentando-se com as túnicas resplandecentes das virtudes imortais.

37

A criação e o homem

QUASE TODOS OS FILÓSOFOS são unânimes em afirmar que no início da criação havia imensa "bola de fogo" que, ao girar no Espaço Infinito, foi-se resfriando e lançando para fora de si algumas partes das quais surgiram o nosso Sol e os planetas do sistema solar.

Em seguida à acomodação das partes que formaram o Sol e os planetas, chuvas torrenciais se abateram sobre os novos orbes, estabelecendo continentes formados por terras e oceanos, mares, rios e lagos. Após milhões de anos de letargia embrionária, teve início a formação dos primeiros seres vivos, partindo dos vírus, bactérias, micróbios, todos unicelulares, que, com o concurso do tempo, ganharam estrutura pluricelular, seguindo depois a escala normal da evolução.

Apareceram, então, as algas marinhas, os moluscos e animais de estrutura mole, seguindo-se os crustáceos e outros animais marinhos; depois os vegetais, desde os mais simples até as grandes árvores. Muito tempo depois, a criação ganharia impulso fenomenal: começa a ganhar vida o mundo dos insetos. Surgem abelhas, cupins e formigas, demonstrando incrível sentido de inteligência, trabalho e disciplina na vida em suas colmeias, cupinzeiros e formigueiros.

Mais um passo se dá e temos a organização dos peixes, desde os mais pequeninos, quase invisíveis aos olhos humanos, até o terrível tubarão.

Surgem os anfíbios: sapos, rãs, pererecas e outros animais que passam a desenvolver em seu organismo a glândula pineal, que milênios mais tarde vai dar ao homem as condições da mediunidade.

Depois dos anfíbios vêm os répteis, conhecidos por possuírem alto teor de magnetismo. Algumas espécies de cobras, por exemplo, atraem suas vítimas hipnotizando-as; a fêmea do jacaré utiliza o magnetismo dos olhos para chocar seus ovos.

Aos répteis sucedem as aves, desde pássaros diminutos às grandes aves como o avestruz, a ema, a águia e o condor. As aves, cuja inteligência ainda escapa à observação humana, preparam, através dos enigmas da evolução, a chegada dos mamíferos, desde os animais de ínfima estrutura aos mais estruturados e evoluídos, como o homem. Surgem os grandes mamíferos, como elefantes e girafas; animais inteligentes como golfinhos e baleias; animais domésticos como os cães. Todos já se aproximando de muitas de nossas características, como a raiva e o ressentimento, a mansuetude e a gratidão.

O importante é reconhecer, a cada instante da vida, a divindade que habita no homem.

38

Vida e sexo

O SEXO É TÃO ANTIGO quanto a vida. Pode-se dizer que tem origem já na união de algas marinhas unicelulares, associação natural e divina necessária à perpetuação da espécie. Percorre todas as escalas do mundo vegetal, em trajetória evolutiva, até alcançar o mundo animal, onde recebe maior impulso criativo, estabelece normas de atração e contato – manifestando-se por meio do instinto –, enobrecendo e iluminando a ilimitada criação de Deus.

Nos seres humanos, o sexo ainda é bastante orientado pelo instinto, mas passa a estar sujeito às consequências do livre-arbítrio. A sexualidade, ainda que em nada prejudique o homem, passa a requerer responsabilidade perante a vida, conhecimento e discernimento espirituais. São estabelecidas normas de respeito ao próximo e aos direitos humanos, a fim de não ferir mentes e corações com atitudes precipitadas. Respeitemos o sexo como sublime dom necessário à vida; não o transformemos no mal do século.

O ato sexual é meio de sagrada conexão entre duas almas, alimenta os relacionamentos amorosos e acende a luz do mundo, possibilitando a luz de uma nova vida. Quando encarado com a consciência correta, com verdadeira união e amor entre o casal, torna-se fonte de enorme energia espiritual positiva, onde a troca de energias entre ambas as partes é necessária.

No entanto, a luz sempre é espreitada pela treva. Quando feito de maneira egoísta e desequilibrada, dando voz à luxúria, o sexo acarreta muitos problemas, podendo até destruir relacionamentos. Daí a necessidade de encontrar um ponto de harmonia, experienciando com segurança a sexualidade, estabelecendo uma relação de confiança entre os parceiros, sem cobranças ou culpas, movendo-se pela autoestima. Ambos precisam reconhecer que têm direitos e deveres, numa simbiose psíquica de alto teor energético.

A confiança entre os parceiros é essencial. O sexo, ainda que mecanismo físico para a vivência carnal do amor, quando pautado nos sentimentos verdadeiros, é degrau inicial da escada que conduzirá o homem ao amor universal, alimento das almas já enobrecidas pelas experiências da carne e que, do outro lado da vida, trocam energias já sublimadas pela responsabilidade e a pureza de caráter. Para os espíritos evoluídos, que habitam regiões siderais do Infinito, a união entre duas almas está muito além de conceitos egoístas como "ter" ou "pertencer"; é antes liberdade.

O sexo é energia como qualquer outra, e seu correto direcionamento é o que estabelecerá a felicidade ou a infelicidade dos homens terrenos, desenvolvendo o seu livre-arbítrio por meio da responsabilidade.

39

Ordenações humanas

ALGUMAS DIFICULDADES DO DIA A DIA vêm ao nosso encontro porque damos mais valor ao corpo físico do que à alma, ignorando o valor das pequenas boas ações e o perigo das ações egoísticas, mesmo as menores.

Imaginamos que nossas ações não influenciam o mundo, que possui milhares de pessoas, e que, portanto, somos apenas parte insignificante desse contexto universal.

Esse, talvez, seja o maior dos enganos. Somos o que pensamos, e os nossos pensamentos se refletem positiva ou negativamente em tudo o que existe. Mesmo as maiores calamidades ganham corpo no somatório de pequenas atitudes negativas, rixas, rancores, pequenas más ações.

A soma dos pensamentos egoístas de milhares de pessoas, movidas por desejos inferiores semelhantes, dá vida ao terrorismo, às epidemias de todo tipo, às grandes guerras. É necessário, portanto, esforço individual para somar no lado positivo da balança universal da vida. Desejemos sempre o melhor, para nós mesmos e, acima de tudo, para os demais, a fim de pender o equilíbrio universal para o lado positivo.

Antes de agir, pense no melhor. Seus pensamentos vão pelo ar e sintonizam com pensamentos afins, formando avalanche de formas-pensamento profundamente transformadoras e edificantes quando positivas, mas com consequências desastrosas quando negativas.

Não desperdice a energia do pensamento com excessos que poderão provocar intolerância, revolta e ansiedade nos outros, semeando adversidade no coração de seus semelhantes e colhendo indiferença e isolamento, cujas proporções podem atingir o seio familiar e até mesmo sua comunidade.

A tolerância e a fidelidade aos seus princípios doutrinários é fundamental. Ajude indistintamente, conquistando, no plano material, simpatias que permanecerão com você no plano espiritual.

40

Sonho e realidade

O *VELHO TESTAMENTO* NARRA, entre suas passagens, o sonho do patriarca Jacó, que adormeceu na relva do caminho de Betel, aonde iria encontrar sua esposa Raquel, e viu belíssima escada luminosa que ia da Terra ao Céu, com anjos subindo e descendo, maravilhando-se com tão fantástica visão do mundo espiritual.

Durante o sono, desligamo-nos do nosso envoltório carnal e jornadeamos, em espírito, por diversos lugares. Conversamos com pessoas, visualizamos cenas que às vezes nos impressionam, participamos de trabalhos em grupo, visitamos hospitais, instituições e mantemos contato direto com amigos, colaboradores, professores e alunos. Às vezes, porém, podemos ser assediados por inimigos do passado ou do presente.

Os nossos sonhos representam, na realidade, o panorama mental de nossas experiências passadas, presentes e também futuras. Nosso cérebro é uma espécie de edifício de três andares, em que o primeiro andar representa o inconsciente, o segundo andar, o consciente, e o terceiro andar, o supraconsciente.

As fronteiras que separam os andares desse edifício são facilmente atravessadas por meio do sonambulismo natural ou provocado, dos desdobramentos mediúnicos, dos estados de letargia ou catalepsia, ações provocadas por doenças que afetam a sensibilidade física, ou por influência de entidades espirituais.

De certa maneira, nosso cérebro é representação do perispírito, também denominado corpo espiritual pelo Apóstolo Paulo. É ele, o perispírito, que colhe e armazena as informações selecionadas pelo espírito, e estas podem aflorar no nosso cérebro na forma de sonhos.

É comum não nos lembramos de nada do que presenciamos nas experiências durante o sono. Isso se dá porque, em geral, a mente se encontra sobrecarregada pelos problemas cotidianos, e também porque somos dotados de mecanismo divino que seleciona exatamente o necessário para o nosso aprendizado, para a nossa evolução.

Os sonhos podem nos revelar atos do passado, do presente ou do futuro, mas isso não deve nos impressionar, porque as informações geralmente vêm em doses homeopáticas e as esquecemos com facilidade, quando não são necessárias ao nosso crescimento.

41

Avisos atualizados

PROCURE PLANEJAR SUA VIDA sempre com antecedência, a fim de evitar surpresas desagradáveis na sua caminhada. Estabeleça limites para o seu comportamento diante dos outros, reconhecendo que você estará sempre ligado energeticamente a tudo o que existe e que, mesmo que não deseje, a sua influência mental estará sempre presente em tudo o que ocorre ao seu redor.

Utilize o seu conhecimento para observar com carinho e dedicação as coisas externas, mas lembre-se de que o importante é dar maior valor às conquistas interiores. Estas partem do próprio coração, que sensibilizado com os anseios da consciência imortal, levará você a empreender esforços cada vez maiores, a fim de que possa evoluir, crescer e superar todos os obstáculos que se apresentem à sua frente.

Não se deixe tomar pela euforia de projetos mirabolantes que, na maioria das vezes, são apenas ilusórios, sem objetivo prático e solidário, acarretando decepções e desilusões difíceis de serem assimiladas em curto espaço de tempo.

Seja espontâneo e tenha sempre paciência ao lidar com os outros, para que as pessoas também tenham paciência e tolerância, e o ajudem a carregar a cruz da evolução infinita, que só terá fim depois de muitas reencarnações, muitas delas repetitivas, pois aqui voltamos para fazer as mesmas coisas que fizemos antes, como alunos que repetem de ano ou ficam em dependência em matérias importantes que não foram assimiladas.

Trabalhe sempre e procure afastar o tédio de sua vida, procurando se divertir nas horas de lazer, optando pela alegria de viver, não se afastando nunca das ordenações humanas, nem do convívio social, tão necessário nas nossas experiências aqui no planeta.

Nunca considere nenhum problema como de difícil solução, porque, na realidade, a última palavra será sempre sua, e certamente a sua vontade de superar vai estimulá-lo a uma solução simples, mesmo que o assunto seja de difícil solução.

Dedique parte do seu tempo às ações caritativas em benefício dos outros, acumulando laços de fraternidade e de amizade que se transformarão em moeda corrente, os fluidos balsamizantes e amorosos da gratidão.

Afaste do seu coração o ódio, o rancor, o ressentimento, pesos vibratórios negativos, difíceis de carregar, e que comprometem o nosso futuro diante dos outros e da própria divindade.

Procure viver no mundo como se ele não existisse, despreocupado com as necessidades materiais do mundo moderno, que apresenta uma forma envolvente de endividamento físico-espiritual, levando-nos ao desequilíbrio.

Este livro foi impresso nas oficinas gráficas da Editora Vozes Ltda.,
Rua Frei Luís, 100 – Petrópolis, RJ.